ANALYSE
DE
LA SOMNAMBULE,
OU
L'ARRIVÉE D'UN NOUVEAU SEIGNEUR,

Ballet-Pantomime en 3 Actes

DE MM. SCRIBE ET AUMER, MUSIQUE DE M. HÉROLD.

Par M. M.

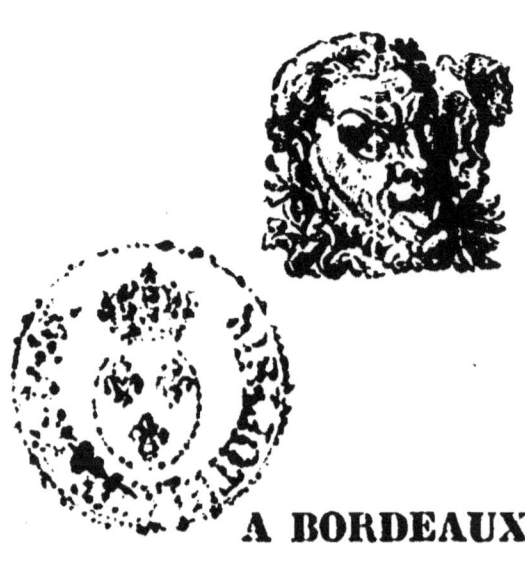

A BORDEAUX,
DE L'IMPRIMERIE DE SUWERINCK, RUE MARCHANDE.

1829.

DISTRIBUTION DE L'OUVRAGE.

EDMOND, riche fermier.................... M. THÉODORE.
THÉRÈSE, sa fiancée......................... Mlle. ÉVÉLINA.
Mme. GERTRUDE, jeune veuve............. Mme. Laure PEYSSARD.
Mme. MICHAUD, meunière.................. Mme. BETTON.
M. SAINT-RAMBERT, jeune colonel........ M. RAGAINE.
OLIVIER, trompette de mousquetaires...... Mme. RAGAINE.
Le Notaire de l'endroit................... M. DUTACQ.
MARCELINE, servante de l'auberge........ Mlle. LÉONTINE.

La scène se passe en Provence, dans l'île de la Camargue, auprès d'Arles.

DIVERTISSEMENTS.

Danses du premier Acte.

CONTRE-DANSE, — Exécutée par MM. Pissarelle jeune, Hamel, Coustou; — Mmes. Ragaine, Léontine, Zélie, Eulalie, Alexandrine.
PAS DE TROIS, — Exécuté par M. Théodore ; Mmes. Peyssard, Évélina.
PAS DE DEUX, — Exécuté par M. Lachouque et Mme. Rivière.
FINAL GENERAL, — Exécuté par les premiers sujets et le corps du ballet.

Danses du troisième Acte.

PAS DE DEUX, — Exécuté par M. Pissarelle jeune et Mlle. Zélie.
PAS DE TROIS, — Exécuté par M. Lachouque ; Mmes. Peyssard, Rivière.
FINAL GENERAL, — Exécuté par les premiers sujets et le corps du ballet.

ANALYSE

DE

LA SOMNAMBULE,

BALLET-PANTOMIME EN TROIS ACTES.

ACTE PREMIER.

(Le Théâtre représente un carrefour de village; à droite l'entrée de la ferme d'Edmond; à gauche une auberge avec une enseigne : *Veuve Gertrude, aux Nœuds-Galants*. Au fond et formant l'angle avec l'auberge, un commencement de maison sur laquelle on lit : *La mère Michaud, meunière*. Une échelle est appuyée contre le grenier de la mère Michaud, et au bord du grenier est un sac de blé non encore rentré. A droite un poteau avec deux merlettes; sur l'une est écrit : *Route d'Arles*; sur l'autre, *Route de Tarascon*. A gauche, un autre poteau sur lequel on lit : *Route du Château*).

SCÈNE PREMIÈRE.

EDMOND, THÉRÈSE, la mère MICHAUD, Veuve GERTRUDE, MARCELINE; Paysans, Paysannes.

CETTE scène offre le tableau des plaisirs et des travaux villageois à l'époque de la moisson des foins. Edmond est à la tête des ouvriers; il donne des ordres et ne perd pas de vue Thérèse, sa fiancée, à qui il exprime son amour dans toutes ses actions, sans négliger de témoigner de l'amitié et de la reconnaissance à la mère Michaud. Arrive Mme. Gertrude, qui aurait souhaité d'être recherchée par Edmond ; elle fait remarquer à la mère Michaud les galantes assiduités d'Edmond, et celle-ci, loin de les réprimer, les approuve, ajoutant que demain ils doivent se marier.

SCÈNE II.

Le Notaire, impatiemment attendu, donne la nouvelle de la prochaine arrivée du nouveau seigneur, qu'on dit être un jeune et beau militaire. Mme. Gertrude, qui a des prétentions sur tous les célibataires, essaye ses regards et ses charmes pour séduire le Notaire qui ne se montre point indifférent. Les amants amènent adroitement le Notaire à terminer le contrat. Gertrude en paraît contrariée, et est prête à se refuser de le signer, mais elle s'y décide dans la crainte de laisser voir son dépit au Notaire. Edmond invite tout le village aux noces, pour le lendemain.

SCÈNE III.

EDMOND, THERESE.

Les futurs époux laissent écouler la foule pour jouir d'un moment d'entretien. Ils s'abandonnent à la joie et au bonheur d'être unis bientôt. Thérèse reçoit avec transport, de son amant, l'anneau de fiancée et refuse un baiser, qu'elle promet pour le lendemain et qu'elle finit par accorder.

SCÈNE IV.

Les Précédents, Mme. GERTRUDE.

Mme. Gertrude, envieuse et coquette, donne de l'humeur à la naïve Thérèse, et une brouille se déclare entr'elles. Edmond, avec beaucoup de peine, parvient à les réconcilier; mais Gertrude, en serrant la main de sa rivale, promet en même temps de s'en venger à la première occasion. Edmond les embrasse toutes deux au moment où Saint-Rambert paraît et applaudit avec malice.

SCÈNE V.

Les Précédents, SAINT-RAMBERT, OLIVIER.

Olivier accompagne Saint-Rambert, en costume de trompette des mousquetaires. — Edmond trouve Saint-Rambert un peu familier; il lui indique le chemin du château, qu'il a demandé; mais la vue des deux jeunes filles l'ayant fait changer de résolution, il se plaint d'être fatigué, et reçoit l'hospitalité d'Edmond, ce qui contrarie Olivier. Ce dernier cesse de vouloir poursuivre sa route dès qu'il a obtenu du vin et un sourire de Marceline, à laquelle il lance des œillades.

SCÈNE VI.

Les Précédents, la Mère MICHAUD, le NOTAIRE, tout le Village.

La veillée est commencée; chacun est à ses occupations ou à ses plaisirs. Olivier boit avec les vieillards et plaisante avec les vieilles femmes. Saint-Rambert s'est approché de Thérèse qu'il trouve adorable, et est contrarié par l'observation inquiète d'Edmond. — Après le divertissement, chacun fait ses dispositions pour se retirer. Saint-Rambert entre dans l'auberge, et Olivier, un peu ivre, entre dans la ferme croyant suivre son maître. La mère Michaud est forcée de congédier Edmond qui ne voudrait pas se séparer de Thérèse. L'espoir du lendemain le console et il obéit. Il ne tarde pas à reparaître et vient apprendre avec mystère à Gertrude et au Notaire, qui n'ont point encore quitté la scène, que l'étranger qu'on vient d'accueillir est le nouveau seigneur qu'on attendait, et qu'il tient tout cela d'Olivier pris de vin. Aussitôt Mme. Gertrude conçoit l'espoir de s'en faire remarquer par mille attentions, et le Notaire projette de lui ménager une surprise et des hommages. Tous deux se retirent enchantés de leurs plans.

ACTE DEUXIÈME.

(Le Théâtre représente une chambre dans l'auberge de Mme. Gertrude; deux portes latérales, croisée au fond. A droite, sur le premier plan, un lit de repos, un fauteuil; à gauche, une table).

SCÈNE PREMIÈRE.
SAINT-RAMBERT.

D'un sourire moqueur, Saint-Rambert fait l'examen des meubles qui ornent sa chambre; mais tout annonce que le souvenir de la soirée l'occupe et que les grâces touchantes de Thérèse remplissent sa pensée.

SCÈNE II.
SAINT-RAMBERT, GERTRUDE, MARCELINE.

Mme. Gertrude feint d'être irritée contre Marceline du peu d'égards qu'elle paraît avoir pour son hôte; elle fait remplacer le chandelier d'auberge par deux beaux flambeaux et s'offre à servir elle-même Saint-Rambert. Marceline se retire, et le nouveau seigneur trouvant le tête-à-tête piquant, tente de séduire son hôtesse qui ne résiste que pour exciter son vainqueur; elle va lui échapper; il l'arrête par son schall qui lui reste dans les mains et qu'il jette sur un fauteuil. Enfin il est à ses pieds, lorsqu'un léger bruit se fait entendre à la fenêtre et fait fuir Gertrude dans le cabinet à droite. Saint-Rambert se précipite vers la fenêtre qui s'ouvre aussitôt.

SCÈNE III.
SAINT-RAMBERT, THÉRÈSE.

Thérèse, dans un état de somnambulisme, est parvenue à cette fenêtre par une échelle placée là par Edmond dans la III°. scène du I°. acte. Elle pénètre dans la chambre et rêve qu'elle joue au collin-maillard ; elle se rapproche de Saint-Rambert ému, qui lui prend la main et la lui baise ; elle en tressaille de joie croyant recevoir un baiser d'Edmond. Saint-Rambert s'empresse d'aller fermer les verroux.

Mme. Gertrude observe tout de son cabinet avec dépit et jalousie, sans reconnaître Thérèse. —Celle-ci, passant d'un rêve à l'autre, se croit au pied des autels, et, belle de son bonheur et de sa grâce virginale, donne sa foi à Edmond et lui jure sur son cœur de l'aimer et de lui être fidèle jusqu'au tombeau. Saint-Rambert touché de la pureté des sentiments de Thérèse change bientôt de résolution ; il admire cet ange de candeur et de naïveté, et ne songe plus qu'à la respecter. Il s'empresse de r'ouvrir la fenêtre, et la lune qui brille lui fait naître le dessein de continuer sa route vers le château.

Thérèse est allée s'asseoir sur le canapé où elle continue de sommeiller, et après une lutte où triomphe l'honneur, Saint-Rambert disparaît.

SCÈNE IV.

Au même instant s'offrent mystérieusement le Notaire, Mme. Michaud, Edmond et plusieurs villageois, qui croyaient, par leur hommage, surprendre agréablement leur seigneur, et demeurent stupéfaits d'étonnement et d'indignation à l'aspect de Thérèse sur le canapé, et dont le déshonneur ne paraît pas douteux; elle est éveillée aux transports de rage et de fureur d'Edmond, et ne peut comprendre sa position. La mère Michaud l'enveloppe du schall qu'elle trouve sur le fauteuil. Mme. Gertrude a profité du désordre pour quitter le cabinet et se mêler à la foule, en se montrant la plus courroucée. Thérèse, forte de son innocence, cherche à apaiser Edmond, qui ne veut rien entendre; il la repousse, et, cédant à son désespoir, il déchire le contrat et déclare qu'il ne la verra plus et que tout est rompu. On se sépare en désordre, et la mère Michaud entraîne sa fille à moitié mourante.

ACTE TROISIÈME.

(Le Théâtre représente un des paysages les plus agréables du Languedoc ou de la Provence. Au fond du Théâtre on aperçoit le moulin, dont le toit assez élevé est recouvert en tuiles; une rivière fait tourner la roue du moulin, et après serpente au fond dans la prairie. A gauche du Théâtre un orchestre préparé pour des musiciens. Autour du Théâtre des guirlandes de fleurs, des chiffres entrelacés. Tout est disposé pour les noces d'Edmond et de Thérèse).

SCÈNE PREMIÈRE.

De jeunes villageois et villageoises vont au-devant des invités à la noce.

SCÈNE II.

La Mère MICHAUD, THÉRÈSE, sortant du moulin.

Thérèse paraît soutenue par sa mère et accablée du poids de ses chagrins et des soupçons qui planent sur elle. Elle proteste de son innocence à sa mère qui cherche à la consoler par ses embrassements.

SCÈNE III.

Les Précédents, EDMOND.

Edmond, triste, sombre et rêveur, s'avance sans voir Thérèse. Elle le considère et communique à sa mère qu'elle est persuadée qu'elle en est toujours adorée, et désirant le consoler, elle s'approche de lui; mais il lui lance un regard foudroyant qui la fait reculer d'effroi. Il lui reproche son crime avec amertume ; il l'entraîne pour lui montrer la fenêtre de la chambre où elle a rompu par son déshonneur tous les nœuds qui les unissaient. Elle se jette à ses pieds ; mais il est inexorable.

SCÈNE IV.

Les précédents; au fond du Théâtre, SAINT-RAMBERT, en grand uniforme ; Seigneurs et Dames du château.

Saint-Rambert suivi d'une brillante société, de musiciens, de domestiques et d'Olivier, fait déposer des présents de noces chez la mère Michaud. Il est surpris de la tristesse d'Edmond et de Thérèse, et leur en demande obligeamment la cause. Thérèse le supplie de faire éclater son innocence et de rendre le repos à son amant. Il explique à Edmond la singularité qui l'abuse et dépose contre sa vertueuse amie; mais celui-ci ne peut croire au somnambulisme, et moins encore qu'on puisse marcher en dormant; il ne voit dans ce qu'on lui dit qu'une nouvelle ruse pour le tromper; il accuse Saint-Rambert d'être la seule cause de tous ses maux, et lui déclare que s'il n'était pas son seigneur il se vengerait de lui; mais qu'il lui reste un moyen de punir celle qui l'a trahi : c'est en épousant une autre femme plus sage qu'elle, et que tout est préparé pour sa vengeance. Il saisit aussitôt la main de Thérèse, et lui ravit son anneau de fiancée. A cet excès d'infortune et d'humiliation, elle s'évanouit.

SCÈNE V.
SAINT-RAMBERT, EDMOND.

Saint-Rambert entreprend de faire triompher l'innocence de Thérèse; il a recours à tous les moyens; il en jure par les marques d'honneur dont il est décoré. Il demande à Edmond de différer de quelques jours son nouveau mariage et n'obtient rien.

SCÈNE VI.
Les précédents, GERTRUDE, en habit de mariée et en grande parure, MARCELINE en costume de fête.

Saint-Rambert se mord les lèvres pour ne pas rire en apprenant que Gertrude est le nouveau choix d'Edmond; il est indigné du peu de générosité de celle-ci, et se dispose à la démasquer lorsqu'elle l'invite au silence en portant un doigt à sa bouche. Il ne peut définir cette bizarrerie d'Edmond qui accorde sa confiance à la coquetterie, et la refuse à la vertu.

SCÈNE VII.
Les Précédents, Toute la Noce.

Edmond fait enlever toutes les guirlandes et

les fait remplacer par d'autres, et par les chiffres G. E. Il présente sa nouvelle épouse à la foule étonnée. Olivier, criant à l'injustice, se refuse à guider les musiciens, et Gertrude, qui a hâte de voir conclure son mariage, fait signe qu'on se passera de lui, et que l'on continue de marcher à l'église.

SCÈNE VIII.

Les précédents, la Mère MICHAUD, sortant du moulin.

D'un regard, la mère Michaud plaint sa pauvre enfant qui repose, succombant à ses chagrins. Elle est révoltée en apercevant Edmond et Gertrude qui vont consommer le malheur de sa fille. Gertrude insulte à sa victime en soutenant à la mère de Thérèse que celle-ci, par sa conduite, mérite son sort. Mais elle est bientôt confondue à l'aspect du schall qu'elle a laissé dans la chambre de Saint-Rambert, et que lui présente la mère Michaud qui la fait connaître. Elle rougit et ne peut nier le fait. Edmond quitte sa main aussitôt avec mépris, et semble accuser Saint-Rambert de les lui avoir ravies toutes deux. Celui-ci le rassure, en lui protestant de nouveau de l'innocence de Thérèse ; il commence à en desirer la conviction qui va bientôt se présenter d'elle-même.

SCÈNE IX ET DERNIÈRE.

Les Précédents, THÉRÈSE.

Thérèse, sortant d'une mansarde, marche endormie sur le bord du toit; les dangers les plus effrayants l'environnent. Tout le monde frémit pour elle. Edmond jette un cri d'épouvante que Saint-Rambert étouffe de la main, et fait entendre qu'elle est perdue si on l'éveille.

D'un pas lent, mais assuré, Thérèse parcourt tous les écueils, et sa situation pénètre tous les cœurs d'une pitié et d'une crainte si profonde que, jusqu'à sa rivale, tout le monde se prosterne et demande au ciel de la protéger. Arrivée au milieu de la scène, elle met un genoux en terre et prie pour le bonheur de son Edmond qui l'abandonne et qu'elle croit au lieu de la cérémonie nuptiale. Elle lui pardonne son injustice et son malheur. Elle exprime avec douleur qu'il lui a ravi son anneau, mais qu'il n'a pu lui ravir son souvenir et son amour, et qu'elle l'aimera et lui sera fidèle jusqu'au tombeau. Elle tire de son sein le bouquet qu'elle a reçu de lui et le couvre de baisers et de larmes.

Gertrude, vaincue par ce tableau, remet à Edmond la promesse de mariage qu'elle tient de lui, et supplie Saint-Rambert de raccommoder les deux amants.

Edmond, au comble de la félicité, est aux genoux de Thérèse ; il lui remet l'anneau au doigt. A un signe de Saint-Rambert on tire d'une corbeille les ornements de la mariée dont on la pare. A un nouveau signal, la musique fait entendre des cadrilles.

Thérèse s'éveille à ce bruit séduisant. La joie qui l'entoure, sa parure, Edmond qui est à ses pieds, tout lui fait croire à un songe. D'une main elle couvre ses yeux et de l'autre elle invite qu'on ne l'éveille pas. Mais elle ne tarde pas à jouir de la réalité et à être la plus fortunée des créatures. Saint-Rambert, en les unissant, les enrichit. La main du Notaire console la veuve, et Marceline obtient Olivier. Un festin suit. On partage la jarretière de la mariée, et des danses terminent le plus beau des jours.

www.ingramcontent.com/pod-product-compliance
Lightning Source LLC
Chambersburg PA
CBHW071442060426
42450CB00009BA/2266